Helmut Schubert

Schnitzen
für Einsteiger

Ravensburger Ratgeber
im Urania Verlag

Inhalt

Vorwort

Die Natur stellt dem Menschen zum Gestalten seiner Umwelt die unterschiedlichsten Materialien zur Verfügung. Aus Erzen kann man verschiedene Metalle gewinnen und anschließend formen; Mineralien bilden Steine, die sich gut bearbeiten lassen, und aus anderen Mineralien kann Irdenware gebrannt werden.

Hier soll jedoch ein anderes, gewachsenes Material im Mittelpunkt stehen – das Holz. Der Werkstoff Holz lässt sich unendlich vielseitig bearbeiten: man kann ihn sägen, spalten, schleifen, drechseln, hobeln, bohren, biegen, färben, zusammenfügen oder mit anderen Materialien verbinden. Holz lässt sich allerdings noch auf eine andere Art formen, die fast so alt ist wie die Menschheit selbst: durch Schnitzen.

Als der Mensch entdeckte, dass er gestaltend auf die ihn umgebende Natur einwirken konnte, zählte das Holz wahrscheinlich zu den ersten Materialien, die er mit scharfkantigen Gegenständen bearbeitete. Aus der Frühgeschichte ist bekannt, dass der Mensch schon seit ewigen Zeiten hölzerne Gefäße, Geräte und Werkzeuge herstellen konnte. Von da an war es nicht mehr weit bis zu ersten künstlerischen Werken wie Kultobjekten oder Darstellungen von Gottheiten.

Im Laufe der Zeit erreichte der Mensch eine unglaubliche Geschicklichkeit in der Kunst des Schnitzens. Das belegen viele wunderbare Bildwerke aus der Geschichte der Kunst und des Kunsthandwerks, und das Schnitzen war zeitweise so verbreitet, dass sich die Beschäftigung mit dem Material Holz durch alle Gesellschaftsschichten zog. Selbst Adlige taten sich als feinsinnige Gestalter dieses Materials hervor, wie etwa der Sachsenkönig August der Starke, der ein geradezu begnadeter Drechsler war.

Heute sind wir zwar nicht mehr darauf angewiesen, Dinge für den Alltagsgebrauch selbst herzustellen. Um aber die Kunst des Holzschnitzens nicht ganz in Vergessenheit geraten zu lassen und um anzuregen, sich mit diesem schönen Hobby zu beschäftigen, möchte dieses Büchlein einige Ideen vorstellen, wie sich auf einfache Weise die unterschiedlichsten Dinge aus Holz formen lassen.

Material und Werkzeug

HOLZ

Holz ist laut Lexikon die Bezeichnung für die Hauptsubstanz der Stämme, Äste und Wurzeln von Holzgewächsen. Es besteht aus Zellulose und Lignin. Beides wird im Kambium gebildet. Dem Kambium – auch Wachstumsschicht genannt – schließt sich das Splintholz an. Es ist in der Regel heller als das dann folgende Kernholz. Kernholz stellt vor allem Stützgewebe dar und ist der wirtschaftlich interessanteste Teil des Holzes. Die dunkle Färbung entsteht durch Einlagerung von Mineralien, Gerbstoffen und ätherischen Ölen.

Man unterscheidet zwischen Laubhölzern, Nadelhölzern und tropischen Hölzern. Laubhölzer werden wiederum in

ringporige und zerstreutporige Hölzer unterteilt. Zu den ringporigen Hölzern zählen Eiche, Esche, Rüster und Rubinie. Zu den zerstreutporigen Hölzern Buche, Ahorn, Erle, Birke und Linde.

Nadelhölzer sind Kiefer, Fichte, Tanne und Lärche; Tropenhölzer sind Teak, Mahagoni, Ebenholz, Grenadil, Meranti oder Rio-Palisander.

Für eine gute Holzqualität ist die Lagerung wichtig. Sie muss so erfolgen, dass das Holz gut durchlüftet wird und vor Nässe geschützt ist. Nässe löst einen Fäulnisprozess aus, bei dem entweder das Lignin (Weißfäule) oder die Zellulose zerfällt. In diesem Fall wird das Holz braun (Braunfäule). Beide Male verliert das Holz seine Festigkeit. Anders ist es bei der Blaufäule. Hier wird das Holz durch einen Pilz verfärbt, behält aber die Stabilität.

Wer nicht viel Material lagern muss, kann sich einen Platz im Arbeitsraum einrichten. Die Trocknung darf allerdings nicht zu plötzlich erfolgen, da sich sonst Risse bilden. Die richtige Holzfeuchte, die eine gute Weiterverarbeitung zum Schnitzen zulässt, ist erreicht, wenn das Material auf etwa 10 – 8 % heruntergetrocknet ist. Im Freien getrocknetes Holz erreicht eine Holzfeuchte von etwa 15 %. Deswegen muss im Innenraum nachgetrocknet werden.

WERKZEUGE UND HILFSMITTEL

Der Spaß am Schnitzen nimmt mit der Qualität des Werkzeugs zu. Mit billigen Werkzeugen kann man nicht vernünftig arbeiten. Eine stumpfe Schneide lässt die Arbeit unsauber aussehen und bringt die Gefahr von Verletzungen mit sich. Zudem lässt sich billiges Werkzeug schlecht schärfen. Deshalb sollte man sich einige wenige, aber gute Werkzeuge anschaffen. Schnitzeisen werden unterschieden in:

- Balleisen
- Flacheisen
- Hohleisen
- Bohrer
- Geißfüße

Angeboten werden Schnitzeisen in:

- gerader Form
- gebogener Form
- gekröpfter Form und
- verkehrt gekröpfter Form

Um sich beispielsweise mit Händlern über Form und Größe der gewünschten Werkzeuge verständigen zu können, gibt es für jede Wekzeugform eine Ziffer, die Stich genannt wird:

Stich 1 sind die Balleisen. Sie sind mit einer geraden Schneide versehen.
Stich 2 sind die Schrägeisen, die ebenfalls mit einer geraden Schneide versehen sind.
Stich 2,5 bis **4** sind Flacheisen,
Stich 5 bis **8** bezeichnet die Hohleisen,
Stich 9 bis **11** bezeichnet die Bohrer,
Stich 41 sind spitzwinklige Geißfüße,
Stich 45 sind rechtwinklige Geißfüße.
Aus der Breitenangabe in Millimetern und dem Stich ergibt sich zweifelsfrei die Form des gewünschten Werkzeugs.

Zur Komplettierung eines Schnitzeisensatzes ist es sinvoll, sich ein bis zwei Klingenmesser anzuschaffen.

Zum Schnitzen von Figuren sollte man eine Figurenschraube verwenden. Figurenschrauben sind im Fachhandel erhältlich. Mit ihrer Hilfe kann die zu schnitzende Figur in alle Richtungen gedreht werden.

Für viele Schnitzarbeiten ist eine Schnitzbank sehr hilfreich, da es sich besser arbeiten lässt, wenn man das Werkstück fest einspannen kann und beide Hände zum Arbeiten frei hat.

Um sich das Schnitzen etwas zu erleichtern, kann man die grobe Form vorher aussägen. Dazu ist eine Dekupier- oder eine Bandsäge gut geeignet.

Zum Zeichnen und Übertragen des Entwurfs auf das Material benötigt man Hilfsmittel wie Zeichenstifte, Kohlepapier, Lineale, Winkel; zum Nachbearbeiten der Schnitzarbeit Schleifklötze und Schleifpapier.

Etwas Leim sollte für kleinere Reparaturen bereitstehen. Sie sind nötig, wenn ein Teil der Arbeit abgebrochen ist oder Holzfehler ausgebessert werden müssen.

SCHLEIFEN DER WERKZEUGE

Zum Schärfen der Werkzeuge benötigt man eine Schleifeinrichtung sowie Abziehsteine und ein Abziehleder. Es ist wichtig, das Schärfen des Werkzeugs selbst zu erlernen. Will man ein stumpfes Schnitzeisen jedes Mal zu einem Werkzeugschleifer bringen, wird die begonnene Arbeit nie fertig. Schleift man seine Werkzeuge selbst, kann man die Qualität der Schneide besser beeinflussen.

Mit einer Schmirgelscheibe oder einem Schleifstein schleift man die Fase des Schnitzeisens so an, dass ein feiner

Grat an der Schneide entsteht. Mit Abziehsteinen, die als Schleifmedium Wasser benötigen, wird der Grat durch Hin- und Herbewegen des Steins wechselseitig abgezogen. Je mehr Sorgfalt man aber darauf verwendet, desto leichter geht später die Arbeit.

Es werden zwei Arten von Abziehsteinen im Handel angeboten:

Ölsteine (Mississippi oder Arkansas)
Wassersteine (Belgische Brocken oder andere synthetische Steine)

Ölsteine sind feine Sandsteine, die den Nachteil haben, dass verbliebene Ölreste am Werkzeug Flecke auf dem Werkstück hinterlassen können. Dieses Problem hat man bei der Verwendung von Wassersteinen nicht.

Sobald der Grat von der Schneide vollständig abgefallen ist, zieht man die Schneide mehrmals kräftig über ein Leder, um die letzten unsichtbaren Gratreste zu entfernen. Jetzt sollte das Werkzeug eine hervorragende Schärfe besitzen. Dies überprüft man, indem man hirnseitig einen Schnitt in Lindenholz

macht. Glänzt dieser Schnitt, ist die Schärfe des Eisens gut. Finden sich noch weiße Streifen auf der Schnittfläche, dann sind noch Gratreste vorhanden.

Balleisen werden an einer Schmirgelscheibe geschliffen. Dabei fasst die linke Hand das Eisen und die rechte Hand hält das Heft. Die linke Hand führt die Fase des Eisens an die rotierende Schleifscheibe. Unter leichtem Hin- und Herbewegen versieht man die Fase mit einem gleichmäßigen Hohlschliff, bis sich an der Schneide ein Grat gebildet hat. Ebenso schärft man die beiden Schenkel des Geißfußes. Beim Geißfuß entsteht bei richtigem Schleifen an der Stelle, wo die beiden Schenkel aufeinander treffen, eine kleine Spitze. Diese Spitze ist wichtig für die Genauigkeit und Sauberkeit der Arbeit. Sie darf also keinesfalls weggeschliffen werden.

Nach dem Schleifen werden die Eisen abgezogen. Mit einem feinen Sandstein (möglichst einem Belgischen Brocken), der in Wasser getaucht wurde, schleift man den Grat an der Fase wechselseitig ab. Das geschieht durch Hin- und Herbewegen des Steins an beiden Seiten der Schneide. Bei richtiger Handhabung fällt nach und nach der Grat ab. Ebenso zieht man die beiden Schenkel des Geißfußes ab. Bei Stich 45 kann man die Innenseite des Geißfußes mit einer geraden Seitenfläche des Abziehsteines abziehen. Bei Stich 41 benötigt man einen profilierten Stein, da der Winkel spitzer ist. Die letzten feinen Gratreste werden mit einem Abziehleder beseitigt.

Einen Bohrer oder ein Hohleisen zu schärfen ist nicht ganz so schwierig wie das Schärfen des Geißfußes. Man nimmt das Eisen zwischen Daumen und Zeigefinger in die linke Hand und hält das Heft mit der rechten Hand. Dann führt man die Fase des Werkzeuges vorsichtig an die rotierende Schleifscheibe und schleift unter Drehen der Längsachse des Schnitzeisens an die Fase einen Hohlschliff, bis an der Schneide ein feiner Grat enscheint. Dabei muss unbedingt darauf geachtet werden, dass das Eisen nicht zu stark an die Schleifscheibe gedrückt und mit Wasser gekühlt wird, damit der Stahl nicht ausglüht. Das Abziehen erfolgt in ähnlicher Weise wie bei den Balleisen, nur dass für das Innere des Bohrers und des Hohleisens ein passender Profilstein benötigt wird.

Schnitztechniken

DER KERBSCHNITT

Die elementarste Schnitztechnik ist der Kerbschnitt. Zwar ergibt eine Kerbe in einem Stück Holz noch keinen besonderen Effekt. Doch mit in einer bestimmten Abfolge angebrachten Kerben lässt sich schon ein besonderes Muster entwickeln. Die meisten Kerbschnittmuster werden mit einem Balleisen ausgeführt. In der Regel wird ein in der Mitte vertieftes Dreieck ins Holz geschnitten. Diese Dreiecke werden so zueinander positioniert, dass sie durch Wiederholung eine ästhetische Wirkung erzielen.

Generell ist die Wiederholung beim Ornament das wichtigste Gestaltungsprinzip. Dazu muss der Schnitzer allerdings wissen, welche Wirkung ein Gestaltungselement (etwa ein Dreieck) erzielt, wenn es in einer bestimmten Reihenfolge wiederholt wird. Man kann Kerbschnitte aber auch aus parallel aufeinander stoßenden Vierecken, Fünfecken oder anderen Vielecken formen. Hat man diese Schnitztechniken oft genug ausgeführt, kommen Ideen dazu ganz von allein und es ergeben sich

mit ihm kann der Eindruck eines Reliefs mit verhältnismäßig geringem Aufwand erzielt werden.

Ist die Linienführung eines Flachschnitts klar ausgearbeitet, kann durch seine Licht- und Schattenwirkung ein durchaus interessanter plastischer Eindruck erzielt werden Zudem kann man bei vollplastischen Arbeiten mit Flachschnittornamenten eine sehr dekorative Wirkung hervorrufen. Deshalb ist die zeichnerische Klarheit eine Grundvoraussetzung für das Gelingen einer Flachschnittarbeit. Je stärker man sich bereits beim Entwurf die Licht- und Schattenwirkung vergegenwärtigt, desto besser wird die ausgeführte Arbeit sein. Zum Schnitzen benötigt man einen Geißfuß, ein bis drei Flacheisen Stich 2,5 – 4, zwei Balleisen Stich 1, ein Hohleisen Stich 8 und einen Bohrer Stich 9.

Mit Kohlepapier überträgt man die Zeichnung auf das vorbereitete Material (ein möglichst glatt gehobeltes und geschliffenes Brett). Zum Übertragen der Zeichnung sollte man sie mit Tesafilm so auf dem Werkstück befestigen, dass man nachschauen kann, ob man Linien beim Kopieren vergessen hat, weil es sonst schwierig wird, die übertragene Zeichnung zu ergänzen. Ist dies geschehen, nimmt man den Geißfuß und umfährt die Linien der Zeichnung in einem Abstand von etwa 1–2 mm. Der Schnitt muss jedoch so geführt werden, dass die Linie nicht einreißt. Deshalb schneidet man so, dass der der Linie zugewandte Schnitt möglichst gegen die Wuchsrichtung verläuft.

unendlich viele Möglichkeiten, verschiedene Kerbschnittformen zu kombinieren. Mit solchen Kerbschnitten kann man Deckel, Rahmen, Füllungen, Kassetten oder Gebrauchsgegenstände verzieren.

Da diese Kerbschnittmotive rein geometrisch sind, gibt es keine Möglichkeit, entstandene Mängel zu kaschieren wie bei floralen Ornamenten. Dies zwingt zu äußerster Disziplin und zu besonnenem Arbeiten. Geht hier ein Schnitt daneben, ist der Rhythmus der gesamten Arbeit gestört. Das sollte aber niemanden davon abhalten, den Kerbschnitt auszuprobieren. Im Gegenteil, je mehr Übungsstücke – man kann sie mit Etüden in der Musik vergleichen – man gefertigt hat, desto sicherer wird man dabei.

DER FLACHSCHNITT

Als Flachschnitt bezeichnet man geschnitzte Arbeiten, die meist Ornamente mit einer geringen Tiefe auf einer Fläche darstellen. Es gibt aber auch bildhafte Darstellungen in Flachschnitttechnik. Besonders beliebt ist der Flachschnitt in Tirol, in der Schweiz und im süddeutschen Raum.

Der Flachschnitt ist eine für ungeübte Anfänger gut geeignete Technik, denn

setzt man ein Hohleisen oder einen Bohrer ein und schneidet, möglichst quer zur Faserrichtung, parallel nebeneinander liegende Vertiefungen ins Material. Dabei muss immer darauf geachtet werden, dass keine Fläche weggeschnitten wird, die stehen bleiben soll, und dass die Tiefe gleichmäßig ausgearbeitet wird.

Ist der Grund grob herausgearbeitet – also „angelegt" –, wird mit einem sehr flachen Flacheisen, möglichst Stich 2,5, der Grund sauber geschnitten. Auch hier ist es wichtig, dass die Zeichnung nicht durch Einreißen beschädigt wird. Jetzt müssen Grund und senkrechter Schnitt rechtwinklig aufeinander stoßen. Sollte es Stellen geben, wo dies nicht ohne weiteres zu erreichen ist, kann man ein Schrägeisen Stich 2 einsetzen. Sind Kontur und Grund sorgfältig herausgearbeitet, werden mit einem Radiergummi die verbliebenen Reste der Vorzeichnung entfernt.

Gelingt es nicht, den Grund so sauber zu schneiden, wie man es sich vorgestellt hat, kann man den Grund punzieren. Punzen sind gleichmäßig auf die Fläche des Grundes verteilte Strukturelemente in der Form kleiner Löcher. Dicht beieinander liegend, ergeben die Punzlöcher eine in sich homogene Fläche.

Ist die Zeichnung auf diese Weise ins Holz graviert worden, sticht man mit einem geeigneten Flach- oder Balleisen die Kontur der Zeichnung genau an der Linie nach. Auch hier muss wieder darauf geachtet werden, dass das Material, das stehen bleiben soll, nicht beschädigt wird. Dies kann dann passieren, wenn die Ecken der Werkzeugschneiden in die gezeichnete Linie ragen. Deshalb sollte man beim Ansetzen des Werkzeugs sehr aufmerksam sein.

Hat man dann die gesamte Zeichnung umstochen, wird der Grund herausgearbeitet. Als Grund wird jene Fläche bezeichnet, die den Untergrund für das Relief oder Ornament darstellt. Hierzu

DER HOHLSCHNITT

Der Hohlschnitt ist eine Schnitttechnik, die mit Hohleisen ausgeführt wird. Sie ist etwas schwieriger umzusetzen als der Kerbschnitt. Als Werkzeuge benötigt man Hohleisen Stich 5 – 8 und ein bis zwei Balleisen Stich 1 oder Schrägeisen

Stich 2. Hohlschnitte, die in Wuchsrichtung des Holzes geführt werden, machen wenig Probleme. Auch quer zur Faserrichtung verlaufende Hohlschnitte sind, ist das Werkzeug gut geschärft, kein großes Problem. Hohlschnitte, die die Wuchsrichtung diagonal durchschneiden, sind schwieriger auszuführen. Möchte man beispielsweise eine stilisierte Blume in dieser Technik schnitzen, so ist es unvermeidlich, dass die Blütenblätter längs, quer und diagonal zur Wuchsrichtung des Holzes gearbeitet werden müssen. Querschnitte sind hier noch am einfachsten auszuführen. Man setzt das Hohleisen an und schiebt es leicht schräg ins Material. Durch Niederdrücken des Werkzeughefts kommt die Schneide dann wieder nach oben. So hat man mit einem Schnitt ein Oval in das Material geschnitten. Längs zur Faser funktioniert dies nicht. Man muss das Werkzeug hier von zwei Seiten her ansetzen und die Schnitte in der Mitte aufeinander treffen lassen. Das ist in der Regel kein größeres Problem. Schwieriger auszuführen sind die schräg zur Faserrichtung verlaufenden Hohlschnitte,

weil hier immer eine Seite gegen die Faserrichtung geschnitten wird. Deshalb muss der erste Schnitt so angesetzt werden, dass man den Bereich, der gegen die Faserrichtung gearbeitet werden muss, so ausführt, dass er nicht ganz bis an den Rand des vorgezeichneten Schnittes reicht, sondern erst in einem zweiten, gegenläufigen Schnitt sauber geschnitten wird.

Man kann Hohlschnitte aber auch mit einer oder zwei scharfen Kanten auslaufen lassen. Durch das Aneinanderreihen verschiedener oder gleicher Hohlschnitte lassen sich vielfältige Muster gestalten.

Der Hohlschnitt ist auch die beste Technik beim Anlegen, also groben Ausarbeiten, von Figuren. Mit Bohrern Stich 9 – 11 und Hohleisen Stich 5 – 8 kann man die Figur so weit herausarbeiten, dass die Form erkennbar ist. Nur zum Sauberschneiden braucht man andere Eisen.

DAS GRAVIEREN

Das Gravieren ist eine Schnitztechnik, die entweder mit einem Geißfuß oder einem schmalen Bohrer Stich 11 ausgeführt wird. Beim Gravieren wird eine Zeichnung plastisch nachgearbeitet, d. h. man schneidet die Linie der Zeichnung mit dem Werkzeug mittig nach. Dabei ist es sinnvoll, die Schnitte nicht sofort auf die gewünschte Tiefe zu bringen, sondern die Zeichnung erst vorzuschneiden. Auf diese Weise merkt man, wie die Holzfaser verläuft, und kann beim Nachschneiden jene Stellen, an denen man gegen den Faserverlauf gearbeitet hat, in der anderen Richtung nacharbeiten.

Oberflächenbehandlung

Die Oberflächenbehandlung von Holz, auch die von Schnitzarbeiten, kann sehr vielfältig sein. Man kann sie unbehandelt lassen, beizen, ölen, wachsen, lackieren oder bemalen. Man hat die Möglichkeit, mit speziellen Spielzeugfarben direkt auf dem Holz zu malen oder aber mit traditioneller Fassmalerei eine geschnitzte Figur zu verfeinern. Man kann deckend oder lasierend malen. Deckend sind solche Farben, die die gewachsene Struktur des Holzes so überdecken, dass seine Struktur nicht mehr sichtbar ist. Bei einem lasierenden Farbauftrag scheint unter der Farbe die Maserung des Holzes durch. Man muss sich also vor der Ober-flächenbehandlung entscheiden, welche Wirkung die fertige Arbeit haben soll.

Die Fassmalerei ist eine spezielle Art der Bemalung. Es ist eine besonders deckende Malweise. Hierzu verwendet man Schlämmkreide, Knochen- oder Hautleim, Terpentin und etwas Lebertran. Zunächst wird das zu fassende Stück sorgfältig mit dünnem Leimwasser bestrichen. Danach wird in dünnen Knochenleim Schlämmkreide eingerührt, dazu kommt etwas Terpentin und Lebertran. Gut verrührt, wird diese Masse auf die getrocknete Fläche aufgetragen. Danach wird wieder Leimwasser und zum Schluss eine Knochenleim-Schlämmkrei-

demischung aufgetragen. Mit feinen Pinseln oder einem Wattebausch wird die Oberfläche geglättet. Ist diese Schicht getrocknet, kann man wahlweise mit Öl- oder mit Temperafarben die Figur nach seinen Vorstellungen bemalen.

Für Figuren und Reliefs, die nicht bemalt werden sollen, ist eine farblose Wachsbeize zu empfehlen. Die Anwendung der Wachsbeize ist recht einfach. Sie muss zunächst gut umgerührt oder aufgeschüttelt werden. Dann wird die Beize mit Hilfe eines mittelweichen Pinsels in Strukturrichtung satt aufgetragen. Nach kurzer Einwirkungszeit „vertreibt" man die Beize erst quer und dann längs zur Faserrichtung. Nach einer Trockenzeit von etwa zehn Stunden wird die Oberfläche mit einer weichen Bürste gebürstet und erhält so einen unaufdringlichen Glanz. Möchte man Grifffestigkeit erreichen, kann ein Schellacküberzug aufgetragen werden.

Geschnitze Gebrauchsgegenstände behandelt man am besten mit Öl. Hierzu verwendet man Paraffinöl, das dünn aufgetragen wird. Paraffinöl gibt es in verschiedenen Konsistenzen. Man trägt dieses Öl mit einem weichen Pinsel auf und lässt es einige Stunden einziehen. Danach wird die Fläche mit einem weichen, nicht fasernden Lappen nachgewischt und man erhält eine schöne, edle Oberfläche.

Wurde eine Fläche mit Schleifpapier bearbeitet, kann es sein, dass die Fasern, die in die Poren gedrückt wurden, „aufstehen". Dies lässt sich verhindern, wenn man die Fläche zunächst „wässert", sie

also mit einem feuchten Schwamm anfeuchtet und dann trocknen lässt. Dann wird sie mit feinem Schleifpapier nachgeschliffen. Dies sollte mehrmals wiederholt werden. Zum Schluss kann die Fläche geölt werden.

Der Fachhandel bietet auch zahlreiche Beizen an, die zum Färben von Holz verwendet werden können. Man unterscheidet echte bzw. Doppelbeizen und unechte, also Pigmentbeizen. Bei den echten Beizen werden die Verfärbungen im Holz durch chemische Reaktionen von Metallsalzen und Gerbsäuren hervorgerufen. Unechte Beizen sind Öl- und Wasserbeizen, die durch Beifügung von Farbpigmenten ihre farbgebende Wirkung erzielen. Unechte Beizen werden auch deshalb so bezeichnet, weil das Beizbild ein Negativ des natürlichen Holzbildes darstellt. Das rührt daher, dass die weichen Jahresringe, die die helleren Jahresringe sind, mehr von den Pigmenten aufnehmen können als die härteren. So kommt es zu einer Umkehrung der natürlichen Farbintensität und einer Veränderung der Wirkung der Arbeit.

Brettchen mit Kerbschnittmuster

MATERIAL

Ahorn, Linde, Esche, Eiche, Rüster
(H: 160 x B: 300 x T: 15 mm)

WERKZEUG

Balleisen Stich 1/20 mm
Geißfuß Stich 41 oder 45

Das geeignetste Material für ein solches Brettchen ist Lindenholz. Die Jahresringe des ausgewählten Materials sollten möglichst „stehend" sein, d. h. es ist am besten, ein Werkstück aus dem Mittelbrett eines Stammes oder aus einem dem Kern nahen Brett zu verwenden, da sich dieses Holz nur wenig verzieht.

Die richtige Schärfe der Schnitzeisen ist wichtig für das Gelingen der Arbeit. Sollten die Eisen stumpf sein, müssen sie so geschliffen werden, wie es auf Seite 7 beschrieben ist.

Zunächst wird das Muster auf das Brettchen gezeichnet. Dazu misst man vom schmalen Rand her Abstände von jeweils 30 mm und vom breiten Rand von 20 mm ab. Von dort aus zieht man mit einem Bleistift parallele Linien. Als Rand bleibt ein Streifen stehen. Die nun entstandenen Rechtecke von 20 x 30 mm werden diagonal verbunden. Dadurch entsteht ein Gebilde von Rechtecken, in denen sich Rauten bzw. Parallelogramme befinden. Das Aufzeichnen sollte genau ausgeführt werden, da sich Ungenauigkeiten immer weiter fortsetzen. Diese Arbeit lebt aber von ihrer Gleichmäßigkeit. Ist das Muster aufgezeichnet, wird mit dem Geißfuß von den Eckpunkten her so in das jeweilige Feld gestochen, dass ein dem Mercedes-Stern ähnliches Gebilde entsteht.

Man darf dabei aber den Schnitt nicht gleich an der äußersten Ecke des Feldes ansetzen, sondern muss noch etwas Material für Korrekturen stehen lassen. Sind alle „Sternchen" richtig verteilt, wird die Kerbe mit dem Balleisen ausgearbeitet, sodass die entstehenden dreieckigen, schrägen Flächen genau aufeinander stoßen. Das exakte Aufeinandertreffen der Schnitte macht die Qualität der Arbeit aus. Sind alle Rauten fertig geschnitzt, werden mit einem Radiergummi die Reste der Vorzeichnung entfernt und das Kerbschnittbrettchen ist fertig. Man kann es als Füllung oder Deckel für eine Schatulle, als Wandschmuck oder als Schlüsselbrettchen verwenden, wenn man noch kleine Häkchen zum Aufhängen der Schlüssel eindreht.

Eine Dose mit Ornamenten

Um diese Arbeit ausführen zu können, benötigt man eine gedrechselte Dose, die man sich von einem Drechsler anfertigen lassen kann oder selbst drechselt.

Die drei Ornamente, die auf die Dose geschnitzt werden sollen, sind Bandornamente. Zunächst werden mit einem Bleistift wieder die Abstände für die Ornamente markiert, sodass die Dreiecke annähernd gleich groß werden. Zuvor müssen allerdings noch die äußeren Begrenzungslinien für die einzelnen Ornamentbänder festgelegt werden. Dies gelingt am besten, wenn die Dose in eine Drechselbank gespannt wird und die Markierungen bei rotierendem Werkstück angebracht werden. Sind die Abstände festgelegt, zeichnet man die Linien vor. Zur Ausführung der Ornamente sollte man die Dose in einer Einspannvorrichtung fixieren. Die Dose darf aber nur zwischen Boden und Rand eingespannt werden. Wird sie zwischen den Dosenwänden eingespannt, zerbricht sie unweigerlich.

Als Erstes setzt man mit dem Bohrer Stich 11 an den Linien an, die den Umfang begrenzen, und schneidet diese Linien so gleichmäßig wie möglich nach. Hierzu braucht man eine ruhige Hand. Sind die Begrenzungslinien fertig, schneidet man die diagonal zum Faserverlauf liegenden Linien, die ihre Begrenzung durch die Um-fangslinien erfahren. Mit dem Hohleisen Stich 8 wird nun gegenüber der Dreiecksspitze ein Halbkreis eingestochen. Dann sticht man noch unsaubere Stellen nach.

In gleicher Weise wird mit dem Dosendeckel verfahren. Beim Einspannen ist es sinnvoll, das Werkstück durch ein Stück Filz vor Druckstellen zu schützen. Auch die markierten Kreise auf dem Deckel und dem Deckelknopf werden gleichmäßig aufgeteilt und dann geschnitzt. Da man hier in Hirnholz arbeitet, ist etwas mehr Kraftaufwand nötig. Mit feinem Schleifpapier kann man noch stehen gebliebene Bleistiftmarkierungen entfernen. Etwas Paraffinöl betont die Farbe und Maserung des Holzes und erzeugt eine matt glänzende Oberfläche.

MATERIAL

Eiche oder Rüster
(B: 80 x T: 80 x H: 240 mm)
oder eine fertig gedrechselte Dose
mit Deckel

WERKZEUG

Bohrer Stich 11/2 mm
Hohleisen Stich 8/5 mm
Schnitzbank

Brotteller mit Schriftrand

MATERIAL

Esche, Ahorn oder Buche
(Dicke: 30 mm, ø 310 mm)
oder fertig gedrechselter Teller

WERKZEUG

Bohrer Stich 11/5 mm
Geißfuß 4 mm
Balleisen 15 – 20 mm
2 Hohleisen Stich 7/8 mm und
Stich 8/5 mm
Flacheisen Stich 2,5/6 mm
Schnitzbank

Den Brotteller, der hier beschnitzt werden soll, lässt man sich am besten bei einem Drechsler anfertigen oder drechselt ihn selbst. Wichtig ist, dass bei dem fertigen Teller ein etwa 20 mm breiter Rand für den Schriftzug stehen bleibt. Auf diesen Rand zeichnet man die Schrift. Hier wurde eine fette Blockschrift gewählt. Dazu wird der gedrechselte Teller in eine Schnitzbank gespannt. Mit dem Bohrer Stich 11 werden zuerst die Begrenzungen der einzelnen aufgezeichneten Buchstaben umschnitten. Außer dem „I" sind alle Buchstaben dieser Schrift aus einem Quadrat hergeleitet. Als Nächstes arbeitet

man die Buchstaben aus. Das „U" wird durch Abrunden der unteren Ecken des Quadrats mit dem Bohrer Stich 11 und einem Hohleisenschnitt von $^2/_3$ der Schrifthöhe in der Mitte des Quadrates ausgeführt. Das „N" entsteht durch das obere und untere Einschneiden von rechtwinkligen Dreiecken. Das „S" wird durch seitliche Bohrerschnitte und die Rundung der S-Linie mit Bohrerschnitten ausgeführt. Zwei seitliche Bohrerschnitte lassen das „E" entstehen. Das „R" schneidet man, indem man die rechte Kontur mit dem Bohrer umfährt. Die Unterseite wird wie beim „N" ausgeführt. Mit dem Hohleisen wird im oberen Teil ein Halbkreis eingekerbt und mit dem Balleisen abgestochen. In gleicher Weise arbeitet man alle weiteren Buchstaben aus. Der Grund zwischen den einzelnen Wörtern wird mit einem Flacheisen „gedrückt". Die Ähren werden durch wechselseitige Kerbschnitte mit dem Hohleisen Stich 7/8 mm ausgeführt und die Grannen der Ähren mit dem Geißfuß geschnitten.

Sind die Schrift und das Ährenmuster fertig gestellt, entfernt man die verbliebenen Bleistiftreste, kontrolliert die Sauberkeit der Ausführung und streicht den Teller mit Paraffinöl ein. Danach wird der Teller mit einem nicht fasernden Tuch trocken gewischt. Nach dem endgültigen Trocknen kann der Teller noch mit feinem Schleifpapier leicht nachgeschliffen werden.

338   Anfangsbuchstaben von Paulus Frank, um 1600
          Opening initials by Paulus Frank, about 1600

A.

B.

E.

F.

J.

K.

Barock-Initialen, 1655
Baroque initials, 1655

339 .

Ein Monogramm

Das Wort Monogramm stammt aus dem Griechischen und bedeutet Namenszeichen. Als Schriftart wurde hier eine Fraktur gewählt. Zunächst wird das Monogramm in der gewünschten Größe aufgezeichnet. Hierfür sind wahrscheinlich einige Versuche nötig. Dabei muss man darauf achten, dass die Buchstaben so gezeichnet werden, dass sie auch geschnitzt werden können, denn nicht jede Schreibschrift lässt sich direkt in eine geschnitzte Schrift umsetzen.

Ist der Entwurf so gelungen, dass er den eigenen Vorstellungen entspricht, wird er mit Tesafilm auf dem Holz befestigt, Kohlepapier dazwischen gelegt und übertragen. Beim Übertragen darf keine Linie vergessen werden. Dann wird das Werkstück in eine Schnitzbank gespannt und die Eisen werden bereitgelegt.

Zunächst schneidet man die Linien der Buchstaben mit dem Geißfuß Stich 41/6 mm in der Tiefe nach. Je breiter die Schriftlinie ist, desto tiefer muss sie geschnitten werden. Das erreicht man, indem man die Linie dort, wo sie stärker ausfällt, mehrmals mit dem Geißfuß nachschneidet. In den Bereichen, wo gegen die Holzfaser gearbeitet werden muss, darf das Holz nicht einreißen. Solche Schnitte werden in Gegenrichtung mit dem Geißfuß geglättet. Bei problematischen Partien muss man mit einem passenden Ball-, Flach- oder Hohleisen nachstechen. Sind die Buchstaben des Monogramms ausgearbeitet, wird die Verzierung geschnitzt. Das umlaufende Oval wird ausschließlich mit dem Geißfuß ausgearbeitet. Die Randverzierung wird mit Ball- und Schrägeisen ausgeführt. Die in die Ecken gestochenen Stilelemente sind aus Hohleisenkerbschnitten zusammengesetzt. Ist die Arbeit sauber geschnitzt, kann sie mit einer Wachsbeize oberflächenbehandelt werden. Dieser Wachsbeizeauftrag wird genauso ausgeführt, wie es auf Seite 13 beschrieben wurde.

MATERIAL

Erle oder Ahorn
(B: 300 x H: 190 x T: 20 mm)

WERKZEUG

2 Balleisen Stich 1/8 und 16 mm
2 Flacheisen Stich 2,5/8 und 20 mm
Schrägeisen Stich 2/20 mm
Flacheisen Stich 3/16 mm
Flacheisen Stich 4/16 mm
Flacheisen Stich 5/16 mm
Hohleisen Stich 6/16 mm
Hohleisen Stich 7/20 mm
Geißfuß Stich 41/6 mm
Schnitzbank

Brotteller mit Ährenkranz

MATERIAL

Erle, Ahorn, Buche oder Esche
(Dicke: 30 mm, ø 290 mm)
oder fertig gedrechselter Teller

WERKZEUG

Geißfuß Stich 41/4 mm
Hohleisen Stich 7/8 mm
Flacheisen Stich 2,5/6 mm
Schrägeisen Stich 2/4 mm
Punzeisen
Schnitzbank

Brot ist eines der wichtigsten Nahrungsmittel des Menschen und wird in vielen Kulturen als etwas Heiliges angesehen. Symbolisiert wird das Brot oft durch das Korn. Das wichtigste Brotgetreide in Europa ist der Weizen. Um Weizen nachbilden zu können, muss seine Form jedoch stilisiert werden. Für die hier verwendete Darstellung werden ein wenig Stroh, der Ährenansatz, die Körnerreihen und die Grannen als Motiv verwendet. Bevor man den Teller jedoch beschnitzen kann, muss man ihn drechseln. Der einzige Unterschied zu dem Teller auf den Seiten 18/19 ist sein Rand. Er ist schmaler (16 mm) und nicht erhaben. Dafür müssen in den Rand zwei Begrenzungsrinnen gedrechselt werden.

Den gedrechselten Teller spannt man in eine Schnitzbank. Um ein Gleichmaß bei der Gestaltung zu erreichen, wird er in sieben gleiche Segmente aufgeteilt. Als Erstes wird die Ähre aufgezeichnet. Weil diese Ähre siebenmal auftaucht, sollte man sich dafür eine Schablone herstellen. Sind die Ähren auf den Rand übertragen, wird mit dem Geißfuß am inneren Rand angesetzt und die Linie geschnitten. Da die Holzfasern in jedem Segment anders verlaufen, muss auf ihre Ausrichtung geachtet werden. Ebenso verfährt man mit dem äußeren Teil der Ährendarstellung. Anschließend wird mit dem Hohleisen Stich 7/8 mm von der Mitte der Ähre aus ein Kerbschnitt gesetzt.

Das Gleiche folgt seitenverkehrt an der gegenüberliegenden Seite. So entstehen zwei wie ein „V" zusammenlaufende Kerbschnitte. Dies wird entlang der Mittellinie insgesamt siebenmal wiederholt. Vom „V" aus werden mit dem Hohleisen zum Rand hin Kerbschnitte eingestochen, sodass die Form der einzelnen Körner ausgebildet wird. Von den oberen Körnern aus werden mit dem Geißfuß Stich 41/4 mm die Grannen bis zur Begrenzung des nächsten Ährensegments geschnitten. Um den Halm wird der Grund mit dem Flacheisen gedrückt und die Ecken mit dem Schrägeisen sauber geschnitten. Der Grund kann noch gepunzt werden. Abschließend wird der Teller mit Paraffinöl oberflächenbehandelt.

Namensschilder

Die hier gezeigten Namensschilder wurden in den gebräuchlichsten Schriftarten gestaltet. Der Namenszug „Nestler" ist in gekerbter Antiqua ausgeführt. Verwendet wurde Merantiholz. Das Namensschild „Max Bill" wurde in Lindenholz geschnitzt und als Schrift diente die Unziale. Als Werkzeuge sollte man sich aus dem eigenen Bestand einen Geißfuß, ein Schrägeisen und etliche Flach- und Hohleisen aussuchen, die entsprechend der Wölbung, die die Begrenzungslinien der Buchstaben beschreiben, eingesetzt werden. Beim Schnitzen geht man in ähnlicher Weise vor, wie es beim Monogramm beschrieben wurde. Auch hier kommt es wieder darauf an, dass die Schnittflächen exakt aufeinander stoßen.

Für das Namensschild „Rank" wurde eine Frakturschrift gewählt. Als Material diente Ahorn. Im Gegensatz zu den anderen Schriften wurde diese Fraktur erhaben gearbeitet, d. h. die Schrift erhebt sich über dem Grund. Dies erreicht man, indem man den Grund wegschneidet und die Schrift stehen lässt. Hierzu umsticht man die Schrift mit passenden Flach-, Hohl- und Balleisen. Dann arbeitet man mit einem Hohleisen oder Bohrer die Grundfläche tiefer aus und schneidet genau an die Buchstabenränder heran. Dann werden die Grundflächen mit einem Flacheisen (möglichst Stich 2,5) geglättet. In die Ecken gelangt man mit einem Schrägeisen Stich 2.

Um den strukturellen Unterschied von Grund und Schrift noch hervorzuheben, kann der Grund gepunzt werden. Zur Oberflächenbehandlung ist eine Wachsbeize gut geeignet.

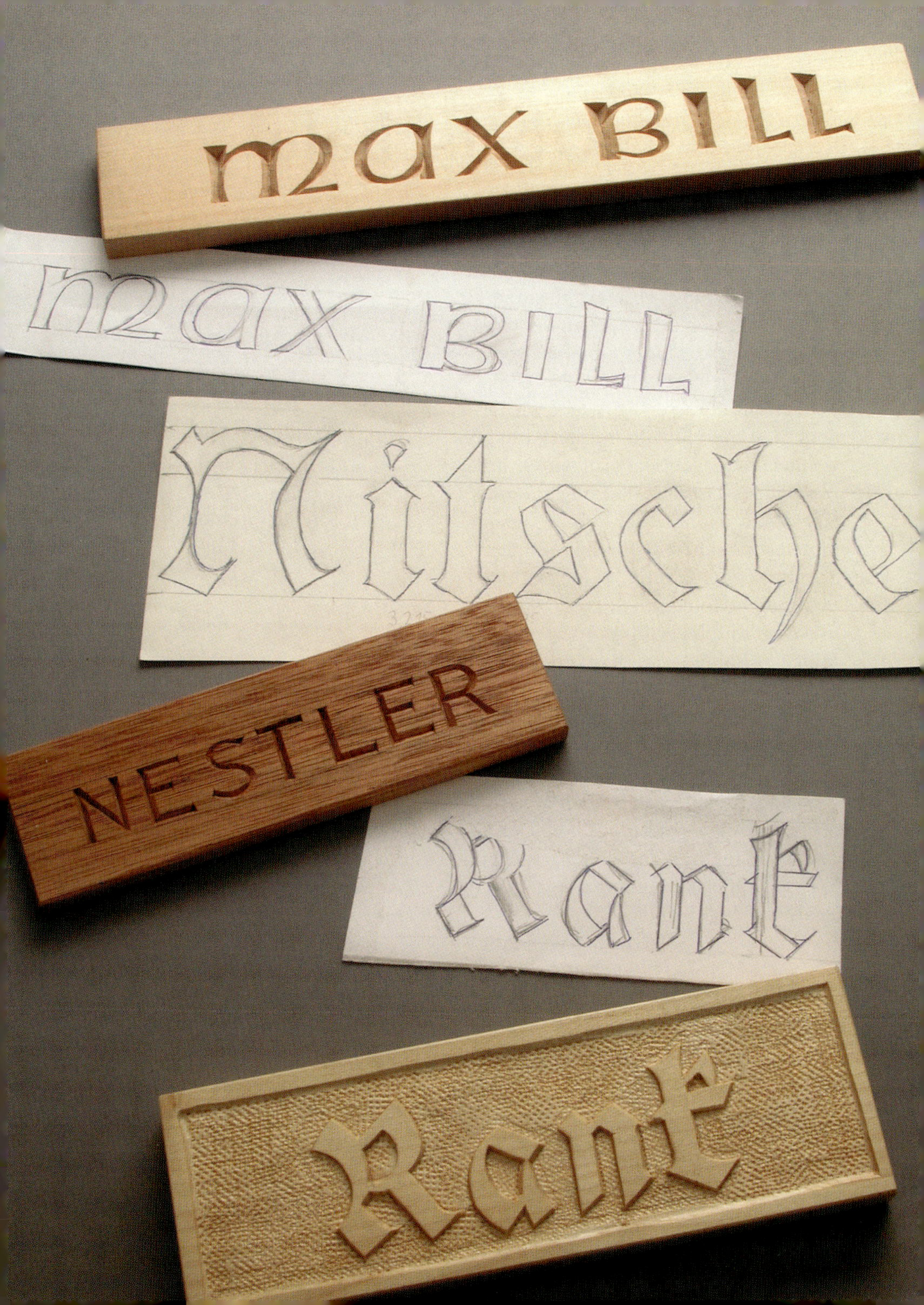
MAX BILL
MAX BILL
Nitsche
NESTLER
Kant
Kant

Obstschale

Um die Form für diese Schale zu finden, faltet man einen Bogen Zeichenkarton von 240 x 420 mm einmal längs und einmal quer und schneidet an der offenen Seite entlang einer Linie, die vom Knick aus leicht gewölbt ist. Das Gleiche wird an der kürzeren Stirnseite wiederholt. So erhält man ein Rechteck mit gewölbten Seiten. Diese Form wird mit Bleistift auf das Holz übertragen. Auf einer Bandsäge wird der Rohling ausgesägt und zwischen die Bankhaken der Schnitzbank gespannt.

Mit dem Hohleisen Stich 8/30 mm und dem Klüpfel beginnt man von der Mitte des Rohlings aus das Innere der Schale auszuarbeiten. Das ist günstiger, als vom Rand her zu schnitzen, weil in diesem Fall keine Korrekturmöglichkeiten mehr bestehen. Der Rand an den schmalen Enden muss stärker ausgebildet sein als der Rand der Seiten. Das ist deshalb nötig, weil das Holz parallel zum Faserverlauf elastischer und belastbarer ist als an den Stirnholzenden.

Ist die Schale richtig angelegt, kann sie mit dem

MATERIAL

Eiche oder Esche
(H: 140 x B: 240 x L: 420 mm)

WERKZEUG

Hohleisen Stich 8/30 mm
1 bis 2 Flacheisen Stich 3/30 und
20 mm
Balleisen Stich 1/30 mm
Klüpfel
Schnitzbank

Flacheisen sauber geschnitten werden. Wurde dies sorgfältig ausgeführt, erhält man im Schaleninneren eine glatte Oberfläche. Die Innenfläche kann man mit Schleifpapier noch verfeinern.

Nachdem das Innere der Schale fertig gestellt ist, wird die äußere Form ausgearbeitet. Dazu sollte man zwischen Bankhaken und Schale ein Stück Holz legen, damit das Eisen nicht versehentlich auf den Bankhaken trifft.

Mit dem Balleisen wird die untere Form so herausgearbeitet, dass sie ein ausgewogenes Verhältnis zur Innenform bekommt. Die Stärke der Wandung und des Bodens sollte etwa gleich sein. Auch die äußere Form der Schale lässt sich mit Schleifpapier noch verfeinern. Die Oberfläche kann dann entweder mit Wachsbeize oder Paraffinöl behandelt werden.

Ein Brautpaar

Die Figurengruppe wird in einer kombinierten Schnitz- und Montagetechnik ausgeführt, d. h. die Teile werden einzeln geschnitzt und dann zusammengefügt. Als Erstes soll der Körper des Bräutigams geformt werden. Hierbei muss man auf die richtigen Proportionen der einzelnen Körperteile achten. Anfänger neigen in der Regel dazu, den Kopf im Verhältnis zur Figur zu groß werden zu lassen. Einfache Proportionsschemata, die in vielen Anleitungen für Hobbykünstler zu finden sind, können hier weiterhelfen. Dort wird gezeigt, dass der Kopf des erwachsenen Menschen etwa achtmal in die Gesamtkörperlänge passt. Die Körpermitte bildet das Schambein. Die Hälfte des Unterkörpers wird durch das Knie markiert. Der ausgestreckte Arm mit der Hand reicht von der Schulter bis knapp unter das Schambein. Die Größe der Hand ist identisch mit der der Gesichtsfläche.

Die Kontur der Figur wird von einer vorher angefertigten Zeichnung auf das Holz übertragen. Als Nächstes sägt man mit einer Dekupiersäge die Konturen aus. Mit dem Schnitzmesser werden die Kanten der ausgesägten Figur gebrochen und Kopf, Gesicht, Taille, Beine sowie Füße herausgearbeitet. Man kann eine solche Figur entweder nur mit dem Schnitzmesser oder auch mit passenden Schnitzeisen ausformen.

Ist der Körper samt Kopf fertig gestellt, folgen die Arme, die extra ausgesägt wurden. Hier empfiehlt es sich, erst einige Schablonen aus Pappe auszuschneiden, um die beste Armhaltung zu finden. Hat man die beste Form festgelegt, werden die Arme beschnitzt und angeleimt. Ist der Leim ausgehärtet, verschnitzt man die überstehenden Kanten der Arme. So entsteht der Eindruck, die Figur sei aus einem Stück geformt.

Beim Kopf bildet die Augenlinie in der Horizontalen die Kopfmitte. Um der Figur ein jugendliches Aussehen zu geben, kann man die Augen etwas unter die Mittelachse verlagern. Nase und Kinnpartie sollten möglichst plastisch herausgearbeitet werden.

Sind die Figuren fertig geschnitzt, können sie bemalt werden. Hierzu grundiert man die Figuren mit Leimwasser aus Knochenleim. Dann wird aus Knochenleim und Schlämmkreide ein Pigmentanstrich hergestellt. Auf diesen Malgrund kann mit feinen Pinseln Temperafarbe aufgetragen werden.

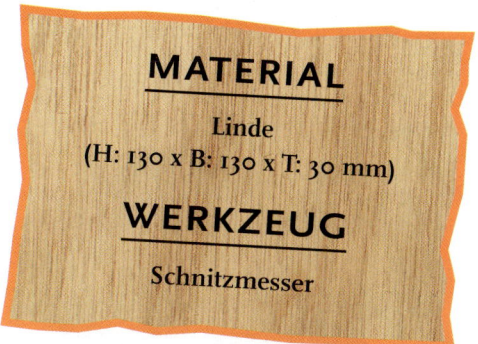

MATERIAL

Linde
(H: 130 x B: 130 x T: 30 mm)

WERKZEUG

Schnitzmesser

Katze auf Mäusejagd

Um Tiere nachzubilden, bedarf es einiger Beobachtungsgabe. Im Gegensatz zur Anatomie des Menschen ist die Anatomie von Tieren für Künstler nicht so umfassend dargestellt. Also sollte man sich mehr auf die Wahrnehmung beschränken und versuchen, das Charakteristische eines Tieres herauszufinden. Besonders reizvoll sind Tiere, die uns im Alltag umgeben wie Hunde und Katzen.

Nachdem man den Entwurf für die Katze gefertigt hat, überträgt man ihn auf ein Stück Pappkarton und fertigt daraus eine Schablone. Die Konturen der Schablone überträgt man auf das Holz und schneidet die Umrissform auf einer Dekupier- oder Bandsäge aus.

Das Schnitzmesser muss gut geschärft sein, da sonst die Qualität der Arbeit leidet und die Verletzungsgefahr höher ist. Vorsorglich sollte man sich dehalb die Fingerkuppen mit Rollenpflaster umwickeln. Ein Schnitzmesser ist scharf, wenn ein Schnitt ins Hirnholz glänzt und keinerlei Streifen hinterlässt.

Mit dem scharfen Messer arbeitet man nach und nach die Form der Katze heraus. Dabei muss darauf geachtet werden, dass die Formen der Katze weich und fließend werden, um den Eindruck von Fell hervorzurufen. Viele Schnitzer sagen scherzhaft: Die Figur ist schon im Holz, man muss nur noch wegschnitzen, was nicht dazugehört. Dies ist zwar nicht ganz so, aber ein Fünkchen Wahrheit steckt doch darin.

Beim Schnitzen in der Hand ist es wichtig, dass die Hände sehr sauber sind, da das helle Holz sonst den Handschweiß aufnimmt und unansehlich wird. Ist die Arbeit dennoch schmutzig geworden, kann man sie mit etwas Waschbenzin abwaschen.

Die Möglichkeiten der Oberflächenbehandlung für Tierfiguren wie diese sind vielfältig. Man kann sie unbehandelt lassen, man kann sie aber auch beizen oder bemalen.

Der zerbrochene Krug

Genreszenen sind in der Volkskunst ein sehr beliebtes Motiv. Das tägliche Leben mit seinen Licht- und Schattenseiten hat künstlerisch tätige Menschen seit jeher dazu inspiriert, Alltagsszenen bildnerisch darzustellen.

Die genaue Beobachtung und das bildliche Erfassen einer Situation sind neben dem handwerklichen Können die wichtigsten Voraussetzungen für eine solche Darstellung. Oft denkt man beim Anschauen einer bestimmten Genreszene: „Ja, so ist es, das hab ich auch schon mal erlebt."

MATERIAL

Linde (B: 100 x H: 140 x T: 15 mm) für die Grundplatte
Linde (B: 130 x H: 70 x T: 7 mm) für den Stuhl und den Tisch
Linde (B: 40 x H: 40 x T: 15 mm) für die Katzen
Linde (B: 20 x H: 20 x T: 50 mm) für den Krug

WERKZEUG

Schnitzmesser
Hohleisen Stich 8/5 mm
Bohrer Stich 10/5 mm

Beim Schnitzen der Katzen geht man genauso vor, wie es bei der Figur der einzelnen Katze auf den vorhergehenden Seiten schon beschrieben wurde. Da die Kätzchen hier aber etwas kleiner sind, sollte man sie so einfach wie möglich gestalten. Sind die beiden Figuren geschnitzt, werden aus dem restlichen Material der Krug und die Schüssel gefertigt. Zum Aushöhlen von Krug und Schüssel setzt man ein Hohleisen oder einen Bohrer ein. Der Krug wird, nachdem er fertig gestellt ist, entweder mit einer feinen Laubsäge oder dem Schnitzmesser in verschieden große Stücke geteilt, sodass er wie zerbrochen aussieht. Aus dem übrigen Holz schnitzt man noch einen Stuhl und einen Tisch. Dazu schneidet man sich auf der Dekupiersäge einige 7 mm dicke Holzstücke in der gewünschten Größe zu und verschnitzt die Seiten mit dem Schnitzmesser. Die Tisch- und Stuhlbeine werden längs zur Faserrichtung mit dem Messer abgespalten, rund geschnitten und in die Bohrlöcher von Tischplatte und Stuhlsitz eingeleimt. Die Stuhllehne wird wie in der Abbildung zu sehen zurechtgeschnitten und ebenfalls eingeleimt. Nun setzt man die Kätzchen auf die Tischplatte und klebt sie fest. Die Bruchstücke des Kruges werden auf den Boden geklebt. Nachdem der Leim getrocknet ist, kann das Ensemble entweder mit Wachsbeize gebeizt oder bemalt werden.

Fuchs und Gänse

Fuchs, du hast die Gans gestohlen! Dieses alte Kinderlied handelt vom gespannten Verhältnis des Reineke Fuchs zum lieben Federvieh. Seine sprichwörtliche Schläue und Findigkeit, an ein leckeres Mahl zu kommen, hat zwischen ihm und den Menschen zu einem nicht eben entspannten Verhältnis geführt. Doch andererseits ist er wegen seines Aussehens ein beliebtes Wildtier.

Zum Schnitzen dieser Szene braucht man nur einfache Werkzeuge. Doch zunächst muss auch hier ein Entwurf gezeichnet werden. Um zu einer charakteristischen Form zu finden, sollte man einige Skizzen machen, die das Wesentliche der Figur erfassen. So sind beim Fuchs die geduckte Haltung, die gespitzten Ohren und der abstehende Schweif Indiz dafür, dass er auf der Jagd ist. Die vorgestreckten Hälse der Gänse und die gespreizten Flügel zeigen, dass sie mit Geschnatter ihr Heil in der Flucht suchen.

Hat man den Entwurf fertig, wird die Zeichnung auf einen festen Karton übertragen und eine Schablone für jede Figur hergestellt. Mit Hilfe der Schablone wird die Kontur auf das Holz kopiert und mit einer Laub- oder Dekupiersäge ausgesägt. Sind die Rohlinge zugeschnitten, werden die Kanten des Körpers gebrochen und der Kopf mit der spitzen Schnauze ausgearbeitet. Der buschige Schwanz muss an der Schwanzwurzel schmaler geformt werden als am Schwanzende. Die Beine

MATERIAL

Linde
(H: 100 B: x 180 x T: 12 mm)
für die Figuren
und die Grundplatte

WERKZEUG

Schnitzmesser

schneidet man mit einer Feinsäge etwas ein und arbeitet sie dann aus. Die Beine des Fuchses stellen wahrscheinlich das schwierigste Problem dar, da sie leicht abbrechen können. Deshalb sollte man hier besonders vorsichtig sein. Gleiches gilt für die Ohren.

Es ist besser, die Füße der Gänse separat zu schnitzen und in den Körper einzuleimen, da hier die Bruchgefahr besonders groß ist. Die Flügel werden durch eine Einkerbung mit dem Schnitzmesser herausgearbeitet, der Hals wird bis zum Kopf etwas verjüngt. Die Schnäbel gestaltet man einmal geschlossen, das andere Mal geöffnet. Zum Schluss werden die Füße der Gänse eingeleimt und die Figuren auf das Grundbrettchen gesetzt.

Die Oberfläche von Fuchs und Gänsen kann mit einem leichten Wachsbeizeauftrag behandelt werden.

Waldstück mit Figuren

Weil der Fuchs über die Gänse hergefallen ist, wird ihm der Jäger samt Hund auf den Pelz geschickt. Doch ohne einige Bäume wirkt die Szene unvollkommen. Also sollen einige Spanbäumchen die Szenerie abrunden. Das Schnitzen von Fuchs und Gänsen wurde bereits beschrieben, es fehlt also noch der Jäger.

Auch diese Figur sollte einfach dargestellt werden. Deshalb genügt auch hier ein Schnitzmesser. Nachdem die Körperkontur des Jägers entworfen wurde, überträgt man sie mit Hilfe einer Schablone auf das Holz. Auf der Dekupiersäge wird das Äußere der Form ausgesägt und mit dem Schnitzmesser nach und nach die endgültige Form herausgearbeitet. Die Arme werden an die Figur des Jägers angesetzt. Dazu schneidet man sich zunächst aus Pappe einige Probestücke zu, um zu sehen, welche Armform die günstigste ist. Zum Jäger gehört natürlich auch eine Flinte. Sie wird ebenfalls angesetzt.

Beim Schnitzen des Hündchens geht man genauso vor, wie beim Fuchs beschrieben. Schwanz und Beine sollten aber mit dem Faserverlauf ausgeschnitten werden.

Nun fehlen nur noch die Spanbäume. Für sie wird Lindenholz verwendet, das aber nicht zugesägt, sondern gespalten wird. Nur so kann sichergestellt werden, dass der Faserverlauf des Holzes zur Schnittrichtung ausgerichtet ist. Ein solcher Faserverlauf ist deshalb wichtig, weil andernfalls ein gleichmäßiges Abschälen und symmetrisches Einrollen der Späne nicht möglich wäre.

Hat man die Rohlinge für die Bäumchen ausgewählt, schnitzt man sie mit dem Messer rund, sodass sich der obere Teil des Stäbchens verjüngt. Mit einem Flacheisen werden von der Spitze her erst kürzere und nach und nach immer längere Spänchen eingerollt. Nach unten hin werden die Spänchen wieder kürzer. Dies wiederholt man an allen Seiten. Anschließend wird das Bäumchen noch „frisiert", d. h. die eingerollten Spänchen werden so zurechtgedrückt, dass sie symmetrisch angeordnet sind. Zum Schluss kann man die Figuren und Bäumchen auf ein etwas dickeres Stück Hirnholz leimen, den Rand abspalten und die Figuren, nicht aber die Bäumchen, bemalen.

MATERIAL

Linde
(H: 130 x B: 30 x T: 50 mm)
für den Jäger
(H: 100 x B: 100 x T: 12 mm)
für die Tiere
(H: 300 x B: 140 x T: 40 mm)
für die Grundplatte
2 x (H: 120 x B: 12 x T: 12 mm)
für die Bäumchen

WERKZEUG

Schnitzmesser
Flacheisen Stich 3/8 mm

Hahn aus Kiefernholz

Für diese Figur benötigt man ein Stück Kiefernholz, das nicht zu sehr verwachsen ist und möglichst wenig Astansätze hat, und eine Figurenschraube als Einspannhilfe.

Zuvor sollten auch hier wieder einige Entwürfe angefertigt werden. Dabei kann man sich zwischen einer realistischen oder einer leicht abstrahierten Form entscheiden. Wählt man, wie hier, eine abstraktere Form, müssen die hervorstechenden Merkmale eines Hahns deutlich herausgearbeitet werden. Dazu zählt der Schwanz mit seinen langen Federn und die meist aufrechte Haltung. Zudem ist der Kamm eines Hahns stärker ausgebildet als bei einer Henne. Diese Merkmale sollten sich im Entwurf wiederfinden.

Hat man eine überzeugende Form gefunden, überträgt man sie auf Karton und schneidet sich eine Schablone zu. Die Konturen der Schablone werden auf das Werkstück übertragen und auf einer Bandsäge ausgesägt. Die grobe Form wird auf eine Figurenschraube gedreht und mit Hilfe eines „Galgens" in eine Schnitzbank gespannt. Mit dem Hohleisen Stich 7/20 mm wird die Figur „angelegt". Hierbei kann auch der Klüpfel zur Hilfe genommen werden.

Ist die Figur angelegt, werden mit dem Hohleisen Stich 7/8 mm die differenzierten Teile, insbesondere die Kopf- und Fußpartien herausgearbeitet. Die Linienführung der inneren Formen muss dabei immer flüssig bleiben. Mit den Flacheisen Stich 3/8 und 18 mm, dem Balleisen Stich 1/10, 16 und 30 mm sowie dem Schrägeisen Stich 2/20 mm schneidet man die Figur sauber. Die Formen um den Hahnenkamm werden mit den Bohrern Stich 11/6 und 10 mm abgesetzt. Zum Schluss kann die Figur noch mit feinem Schleifpapier geschliffen werden.

Für die abschließende Oberflächenbehandlung sollte entweder eine Wachsbeize oder ein Paraffinölauftrag gewählt werden.

MATERIAL

Kiefer
(H: 240 x B: 120 x T: 50 mm)

WERKZEUG

3 Balleisen
Stich 1/10, 16 und 30 mm
2 Flacheisen
Stich 3/8 und 18 mm
2 Hohleisen
Stich 7/8 und 20 mm
2 Bohrer Stich 11/6 und 10 mm
Schrägeisen Stich 2/20 mm
Figurenschraube
Klüpfel

Porträt eines Mädchens

Ein Porträt zählt zu den schwierigsten Aufgaben eines Schnitzers, da hier die Eigenart des Dargestellten zur Geltung kommen muss. Um die Wesenszüge eines Menschen wiedergeben zu können, sollte man einige Grundlagen der Anatomie kennen. Doch nicht nur anatomisches Wissen, auch die äußere Wahrnehmung ist für eine natürliche Darstellung wichtig.

Um aus beidem Schlüsse für die Gestaltung eines Porträts ziehen zu können, ist das Zeichnen eine wesentliche Voraussetzung. Nur wenn man eine Figur zeichnerisch richtig erfasst hat, kann man sie auch dreidimensional darstellen.

Nachdem man das Werkzeug auf seine Schärfe geprüft hat, wird das Werkstück auf die Figurenschraube gedreht und in die Schnitzbank gespannt. Mit einem Bohrer und dem Klüpfel legt man das Gesicht an. Vom Haaransatz bis zum Kinn teilt man das Gesichtsfeld dabei in drei Teile. Das obere Teil ist die Stirn. Das mittlere Teil wird durch die Augenbrauenlinie und Nasenflügel begrenzt. Im mittleren Drittel befinden sich Ohren, Nase, Augenpartie und Jochbein. Das untere Drittel wird durch die Mund- und Kinnpartie gebildet. Der Abstand von einem Auge zum anderen entspricht der Breite eines Auges. Teilt man die Gesichtsfläche in fünf Teile, ist der mittlere Bereich die Nase. Die äußeren Teile reichen vom Augenwinkel bis zum Ohr. Dazwischen liegen die Augen.

MATERIAL

Linde
(H: 350 x B: 180 x T: 170 mm)

WERKZEUG

Balleisen Stich 1/10, 16, 30 mm
Schrägeisen Stich 2/20 mm
Flacheisen Stich 3/8, 18 mm
Hohleisen Stich 7/8, 20 mm
Bohrer Stich 11/3, 6, 10 mm
Geißfuß Stich 41/20 mm
Figurenschraube
Klüpfel
Schnitzbank

Sind diese Partien festgelegt, wird das Gesicht grob herausgearbeitet. Ist man sich sicher, dass die Anlage den eigenen Vorstellungen entspricht, kann man mit dem Sauberschneiden beginnen. Dabei sollte man die einzelnen Gesichtspartien vorsichtig herausarbeiten und sich Korrekturmöglichkeiten offen halten.

Die wichtigsten Partien sind die Augen, die Nase und der Mund. Beim Schnitzen der Augen muss darauf geachtet werden, dass das Auge eine kugelähnliche Form bekommt und in einer Augenhöhle sitzt. Die Oberlippe darf nicht zu nahe an und nicht zu weit von der Nase sitzen, um eine optimale Wirkung zu erzielen.

Mit einem Wachsauftrag ist die Oberfläche ausreichend behandelt.

Ein Wappen

Jeder, der ein Wappen schnitzen möchte, wird natürlich sein eigenes Motiv wählen. Hier soll anhand eines relativ einfachen Wappens, dem der Stadt Berlin, gezeigt werden, wie man beim Schnitzen vorgeht. Das hier gewählte Wappen besteht aus dem Wappenschild mit einem aufrecht stehenden, nach links gewandten Bären. Über dem Schild befindet sich eine von Zinnen bekrönte Mauer.

Auch hier muss zunächst wieder ein Entwurf gefertigt werden, der dann mit Hilfe einer Schablone auf das Holz übertragen wird. Nach dem Übertragen des Entwurfs werden mit dem Geißfuß Stich 41 die Linien nachgeschnitten. Bei Kurven und schrägen Linien wird gegen den Faserverlauf geschnitten. An solchen Stellen sollte man noch einmal gegenläufig nachschneiden. Sind alle Linien mit dem Geißfuß geschnitten, arbeitet man mit Flach- und Balleisen die Konturen

MATERIAL

Linde
(H: 300 x B: 180 x T: 25 mm)

WERKZEUG

2 Balleisen Stich 1/15 und 20 mm
2 Flacheisen
Stich 2,5/10 und 25 mm
Schrägeisen Stich 2/10 mm
Hohlbohrer Stich 9/10 mm
Geißfuß Stich 41/6 mm
1 bis 2 Punzeisen

beidseitig nach, sodass sie ein gleichmäßiges Aussehen erhalten. Den Grund im Wappenschild drückt man zunächst mit dem Bohrer Stich 9 auf die gewünschte Tiefe und schneidet ihn mit dem Flacheisen sauber. Die Ecken werden mit dem Schrägeisen sauber geschnitten. Um dem Grund eine andere Struktur zu geben als dem Wappenbild, kann man ihn noch punzen. Dazu schlägt man mit einem Hammer vorsichtig auf das Punzeisen. Dadurch wird das Muster des Punzeisens ins Holz geprägt. Zum Schluss werden noch vorhandene Bleistiftspuren mit einem Radiergummi entfernt und das Wappen mit Wachsbeize behandelt.

Ochs und Esel

MATERIAL

Linde
(H: 210 x B: 100 x T: 100 mm)
für den Ochsen
(H: 220 x B: 220 x T: 100 mm)
für den Esel

WERKZEUG

Schnitzmesser
Balleisen Stich 1/3, 8, 12 mm
Schrägeisen Stich 2/10, 15 mm
Flacheisen Stich 2,5/5, 12, 18 mm
Flacheisen Stich 4/5, 10 mm
Bohrer Stich 11/3, 12 mm
Geißfuß Stich 41/12 mm
Figurenschraube

Zu jeder Weihnachtskrippe gehören neben der Heiligen Familie Ochs und Esel. Es gibt jedoch beim Schnitzen vierfüßiger Tiere einige Besonderheiten. Vor allem die richtige Stellung der Beine macht die Wirkung solcher Figuren aus. Nichts ist schlimmer als der Eindruck, etwas könne mit der Figur nicht ganz stimmen. So ist es wichtig, dass bei einer Bewegung des linken Vorderfußes nach vorn der linke Hinterfuß nach hinten steht, sich der rechte Hinterfuß aber ebenfalls nach vorn und der rechte Vorderfuß nach hinten bewegt. Bei ruhenden Tieren liegt meist ein Hinterbein unter dem Körper des Tieres.

Nachdem der Entwurf mit einer Schablone auf das Holz übertragen wurde, sägt man die Kontur des Ochsen auf einer Bandsäge aus. Da der Ochse liegend dargestellt wird, kann man die Figur auf der Figurenschraube schnitzen. Mit Hohlbohrern und Hohleisen wird die Form herausgearbeitet. Zuerst wird die Figur grob angelegt und danach werden mit feineren Eisen die Details ausmodelliert. Ist die Figur zur Zufriedenheit ausgefallen, wird sie sauber geschnitten. Hörner und Ohren setzt man erst zum Schluss ein.

Das Schnitzen des Esels ist komplizierter, da hier das Eindrehen einer Figurenschraube nicht möglich ist. Man muss also mit einer weniger stabilen Vorrichtung vorlieb nehmen.

Beim Zuschneiden des Rohlings sollten die Beine immer längs zum Faserverlauf ausgesägt werden, da sie sonst abbrechen. Beim Schnitzen der Figur geht man genauso vor wie beim Ochsen, lediglich die abschließenden Arbeiten müssen in der Hand ausgeführt werden. Dazu hält man mit der linken Hand die Figur fest und führt mit der rechten Hand das Werkzeug vom Körper weg.

Soll der Holzton erhalten bleiben, überzieht man die Figuren am besten mit einer farblosen Wachsbeize.

Musizierende Kinder

In der Weihnachts- und Epiphaniaszeit ist es in vielen Gegenden Deutschlands üblich, dass Sternsinger von Haus zu Haus ziehen und für einen guten Zweck Geld sammeln.

Für eine Figurengruppe solch musizierender Kinder gelten einige Besonderheiten. Bei der Darstellung von Kindern trifft die Festlegung, dass die Kopflänge mal acht genommen die Körpergröße ergibt, nicht zu, sondern die Körpergröße eines Kindes von 6 bis 7 Jahren beträgt etwa 5,5 bis 6 Kopflängen.

Zunächst wird wieder ein Entwurf gezeichnet. Er wird auf eine Pappschablone übertragen, mit der man dann die Kontur auf das Holz überträgt. Eine Bandsäge mit einem schmalen Sägeblatt ist am besten geeignet, um die Kontur auszuschneiden. In die Unterseite des Figurenrohlings wird ein passendes Loch gebohrt, die Figurenschraube eingedreht und in eine Schnitzbank eingespannt.

Mit einem Hohlbohrer oder Hohleisen legt man die Form an. Da es sich hier um eine geschlossene Form handelt, benötigt man kaum schmale Schnitzeisen dazu. Ist die Figur angelegt, können die individuellen Details herausgearbeitet werden. Die Hände des Sängers mit dem Buch müssen so gearbeitet werden, dass das Buch auch tatsächlich gehalten werden kann. Auch die Hände des Sängers mit dem Stern müssen so geformt sein, dass er den Stern wirklich hält. Dies gilt auch für die Hände des Flötenspielers. Die Attribute Stern, Flöte und Buch werden aus Holzresten geschnitzt, die beim Aussägen anfallen. Das Buch wird mit Holzkaltleim angeleimt und Flöte und Stern werden in die entsprechenden Bohrungen gesteckt.

Soll das Holz sichtbar bleiben, ist eine Wachsbeize zu empfehlen.

MATERIAL

Linde
(H: 270 x B: 110 x T: 100 mm)
für alle drei Figuren

WERKZEUG

Schnitzmesser
Balleisen Stich 1/3, 8, 12 mm
Schrägeisen Stich 2/10, 15 mm
Flacheisen Stich 2,5/5, 12, 18 mm
Bohrer Stich 10/2, 8, 10 mm
Bohrer Stich 11/3, 12 mm
Figurenschraube
Schnitzbank

Die Deutsche Bibliothek – CIP-Einheitsaufnahme
Ein Titeldatensatz für diese Publikation ist bei Der Deutschen Bibliothek erhältlich.
ISBN 3-332-01375-0

www.dornier-verlage.de
www.urania-ravensburger.de
1. Auflage August 2002
© 2002 Urania Verlag, Berlin
Der Urania Verlag ist ein Unternehmen der Verlagsgruppe Dornier.
Alle Rechte vorbehalten.
Umschlaggestaltung: Behrend & Buchholz, Hamburg
Fotos: Frank Müller, Jena
Gestaltung und Satz: alpha & bet Verlagsservice, München
Druck: Jütte-Messedruck Leipzig GmbH
Printed in Germany

Gedruckt auf alterungsbeständigem Papier mit chlorfrei gebleichtem Zellstoff.

Die Schreibweise entspricht den Regeln der neuen Rechtschreibung.